Dieses Buch gehört:

____

____

رمضان كريم

Beginne mit
Bismillah
und beende mit
Alhamdulillah

Ramadan Fakten

Ramadan ist der neunte Monat des islamischen Kalenders und dauert 29 bis 30 Tage, je nach Sichtung des Neumonds.

Im Ramadan erhielt der Prophet Mohammed  die ersten Offenbarungen von Allah, aus denen der Heilige Koran entstand.

Während des Ramadan fasten Muslime auf der ganzen Welt von Sonnenaufgang (Fajr) bis Sonnenuntergang (Maghrib).

Das Fasten ist eine der fünf Säulen des Islam und Pflicht für jeden Muslim, ausgenommen Kinder vor der Pubertät, alte Menschen mit gesundheitlichen Problemen, chronisch Kranke und Schwangere.

"O ihr, die ihr glaubt! Das Fasten ist euch vorgeschrieben, wie es denen vor euch vorgeschrieben wurde, damit ihr Selbstbeherrschung (lernen) könnt."

[Sure Baqara 2: 183]

In der Zeit von Sonnenaufgang bis Sonnenuntergang gelten folgende heiligen Gesetze:
* nichts durch Hals und Lunge zu sich nehmen: kein Essen, kein Trinken, kein Rauchen
* Verzicht auf sexuelle Aktivitäten
* keine unmoralischen Handlungen begehen (Lügen, Verleumdung)

Wer versehentlich gegen diese Gesetze verstößt, muss die Anzahl der Tage, an denen er verstoßen hat, am Ende des Ramadan zusätzlich fasten. Wer absichtlich verstößt, muss pro Tag weitere 60 Tage extra fasten.

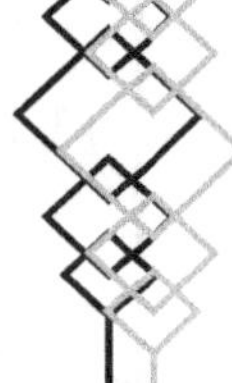

Sadaqa (freiwillige Gaben) sind eine religiöse Handlung und im Ramadan besonders wichtig. Zusätzliche Fastentage dürfen auch in Form von Sadaqa beglichen werden.

Für die Nächte im Ramadan gelten diese Regeln nicht und es darf normal gegessen und getrunken werden. Tipp: Vermeiden Sie salzhaltige Speisen und trinken Sie nachts viel Wasser.

Das Ende des Fastenmonats Ramadan richtet sich nach der Sichtung des Neumonds im Nachfolgemonat Schawwal und wird mit dem Fest Eid al-Fitr, auch Zuckerfest genannt, in den ersten drei Tagen des Schawwal im Kreis der Familie und mit Freunden gefeiert.

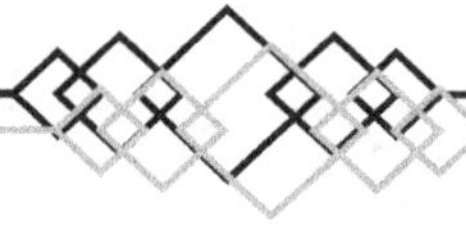

Absichtserklärung: Dua für Niyyah

Noch bevor man mit dem Fasten beginnt, ist es ist wichtig, eine Absichtserklärung (Niyyah) zu geben. Dies sollte in der Nacht vor Ramadan (noch vor dem Fajr) erfolgen. Es genügt nicht, das Fasten ohne diese Absicht zu beginnen. Die ehrliche Absicht Allah zu gefallen ist eine der wertvollsten Handlungen.

"Wer sich nicht vor der Morgendämmerung (fajr) verpflichtet zu fasten, für den gibt es kein Fasten."

[Abu Dawud]

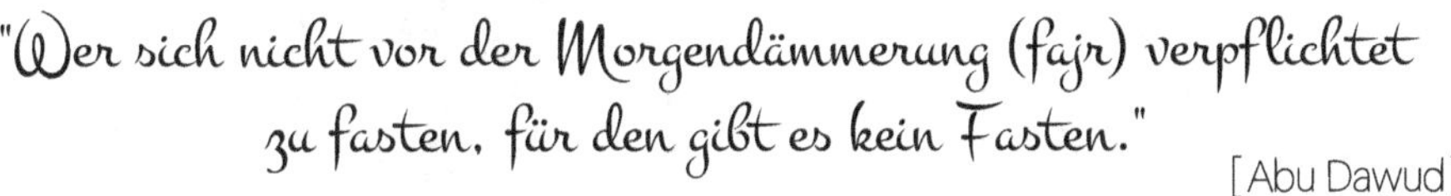

اللهم إني نويت أن أصوم رمضان إيماناً واحتساباً فأغفر لي ماتقدم من ذنبي وما تأخر .. اللهم آمين.

Allahuma 'iiniy nawayt 'an 'asum ramadan 'iymanaan wahtsabaan fa'aghfir li mataqadam min dhanbi wama ta'akhar .. allahuma amin.

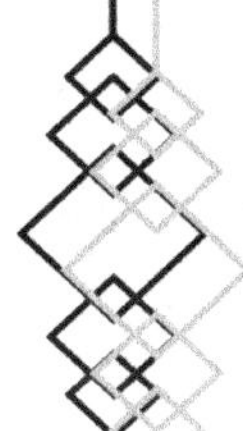

Oh Allah, ich faste im Monat Ramadan aus meinem Glauben heraus und in der Hoffnung auf Belohnung. So vergib mir meine früheren und zukünftigen Sünden. Oh Allah, Amen.

[At-Tirmidhi]

Dua für das tägliche Fastenbrechen

اللهم إني لك صمت، وبك آمنت، وعلى رزقك أفطرت

Allahumma inni laka sumtu wa bika aamantu wa 'ala rizq-ika aftarthu

O Allah. Ich habe für Dich gefastet und ich glaube an Dich, und ich breche mein Fasten mit Deiner Nahrung.

[Abu Dawud]

Meine Ramadan Ziele

Koran-Rezitation

„ Der Monat Ramadan ist es, in dem der Koran (erstmals) als Leitfaden für die Menschen herabgesandt worden ist und (die Koranverse) als klare Zeichen zur Rechtleitung und zur Unterscheidung (zwischen richtig und falsch)." [Al Baqara 185]

Die Zeit im Monat Ramadan sollte stets von dem heiligen Koran begleitet werden. Daher ist es Sunnah, innerhalb der 30 Tage den gesamten Koran komplett zu rezitieren. Um dieses Ziel zu erreichen, ist es ratsam, pro Tag mindestens ein Juz zu lesen, sodass man in 30 Tagen den Koran einmal gelesen hat.

Der Koran ist in 30 Juz bzw. 60 Hizb aufgeteilt (1 Juz entspricht 2 Hizb), die dabei behilflich sind, den gesamten Koran in einem Monat zu lesen, ohne sich weitere Notizen machen zu müssen, um an einem bestimmten Punkt fortzufahren.

Tipp: Um bereits am 27. Tag den gesamten Koran gelesen zu haben, um die heiligste Nacht mit der Dua am Ende des Korans (Khatm Koran) zu erleben, empfiehlt es sich, pro Tag 3 bis 5 Hizb lesen, um dieses Ziel zu erreichen.

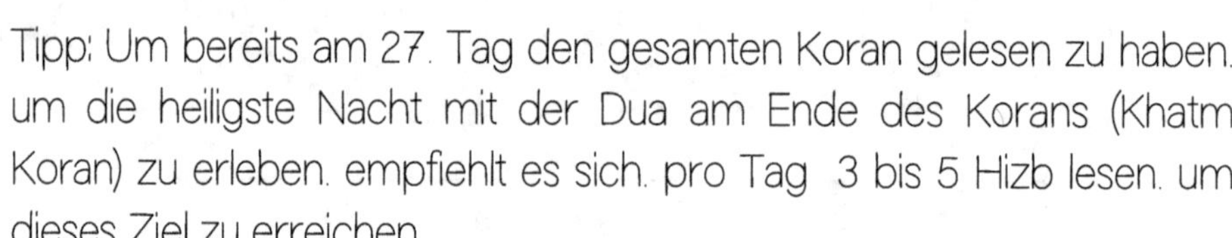

Der folgende Koran-Leseplaner dient zur Planung, um den gesamten Koran von Anfang bis zum Ende des Ramadan, zu lesen.

Koran Leseplaner Teil 1: Tag 01 - 10

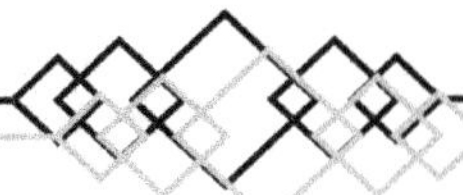

TAG	SURE (VERS)	JUZ	GELESEN
1	Al Fatiha (1) — Al-Baqara (141)	1	
2	Al-Baqara (142) — Al-Baqara (252)	2	
3	Al-Baqara (253) — Al-ʿImran (92)	3	
4	Al-ʿImran (93) — An-Nisa (23)	4	
5	An-Nisa (24) — An-Nisa (147)	5	
6	An-Nisa (148) — Al-Maeda (81	6	
7	Al-Maeda (82) — Al-Anaam (110)	7	
8	Al-Anaam (111) — Al-Araf (87)	8	
9	Al-Araf (88) — Al-Anfal (40)	9	
10	Al-Anfal (41) — Al-Tawba (92)	10	

NOTIZEN

____

____

____

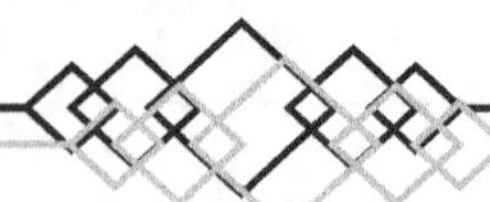

Koran Leseplaner Teil 2: Tag 11 - 20

TAG	SURE (VERS)	JUZ	GELESEN
11	Al-Tawba (93) — Hud (5)	11	
12	Hud (6) — Yusuf (52)	12	
13	Yusuf (53) — Ibrahim (52)	13	
14	Al-Hijr (1) — An-Nahl (128)	14	
15	Al-Isra (1) — Al-Kahf (74)	15	
16	Al-Kahf (75) — Ta-Ha (135)	16	
17	Al-Anbiya (1) — Al-Hajj (78)	17	
18	Al-Mu'minun (1) — Al-Furqan (20)	18	
19	Al-Furqan (21) — Al-Naml (55)	19	
20	Al-Naml (56) — Al-Ankabut (45)	20	

NOTIZEN

____

____

____

Koran Leseplaner Teil 3: Tag 21-30

TAG	SURE (VERS)	JUZ	GELESEN
21	Al-Ankabut (46) — Al-Ahzab (30)	21	
22	Al-Ahzab (31) — Ya-Seen (27)	22	
23	Ya-Seen (28) — Az-Zumar (31)	23	
24	Az-Zumar (32) — Fussilat (46)	24	
25	Fussilat (47) — Al-Jathiya (37)	25	
26	Al-Ahqaf (1) — Adh-Dhariyat (30)	26	
27	Adh-Dhariyat (31) — Al-Hadid (29)	27	
28	Al-Mujadala (1) — Al-Tahrim (12)	28	
29	Al-Mulk (1) — Al-Mursalat (50)	29	
30	An-Naba (1) - An-Nas (6)	30	

NOTIZEN

____

____

____

Ramadan Tag 1

Datum: .... ⏱ Sahur: .... ⏱ Iftar: ....

Gebets-Tracker	Sunnah Aktivitäten

Gebets-Tracker

Sunnah (2 Rakat) — Fard — Sunnah (2 Rakat)

FAJR
○ ○

DHUHR
○ ○

ASR
○ ○

MAGHRIB
○ ○

ISHA'A
○ ○

Sunnah Aktivitäten

○ Adhkar Al-Sabah
○ Sadaqa (Spende; gute Tat)
○ Adkar Al-Masaa
○ Tarawih
○ Adhkar Al-Naum
○ ....

Tasbih ○ Ja ○ nein

Koran Rezitation

Vers: ....
Sure: ....
Juz: ....

Ich bin dankbar für:

____

____

____

Reflexionen

Allah

Der wegen seiner vollkommenen göttlichen Eigenschaften alle Verehrung Verdienende.

Dua des Tages:

اللَّهُمَّ أَهْلِلْهُ عَلَيْنَا بِالْيُمْنِ وَالْإِيمَانِ وَالسَّلَامَةِ وَالْإِسْلَامِ رَبِّي وَرَبُّكَ اللَّهُ

Allahumma ahlilhu `alainā bil-yumni wal-iman, was-salamati wal-Islam, rabbi wa rabbuk Allah

O Allah, bringe es mit Segen und Glauben und Sicherheit und Islam zu uns. Mein Gott und euer Gott ist Allah.

[Tirmidhi 3451]

Der Prophet Mohammed ﷺ sagte:

"WENN DER RAMADAN BEGINNT, WERDEN DIE TORE DES PARADIESES GEÖFFNET."

[Bukhari 1898]

Meine Gedanken / gute Taten / Ziele:

____

____

____

____

Ramadan Tag 2

Datum: .... ⏱ Sahur: .... ⏱ Iftar: ....

Gebets-Tracker	Sunnah Aktivitäten

Gebets-Tracker

Sunnah (2 Rakat) Fard Sunnah (2 Rakat)

FAJR
○ ○

DHUHR
○ ○ ○ ○

ASR

MAGHRIB
○ ○

ISHA'A
○ ○

Sunnah Aktivitäten

○ Adhkar Al-Sabah
○ Sadaqa (Spende; gute Tat)
○ Adkar Al-Masaa
○ Tarawih
○ Adhkar Al-Naum
○ ....

Tasbih ○ Ja ○ nein

Koran Rezitation

Vers: ....
Sure: ....
Juz: ....

Ich bin dankbar für:

____

____

____

Reflexionen

Ar-Rahmān

Der Gnadenvolle (Allerbarmer):
Er besitzt die umfassende und
vollkommene Barmherzigkeit
Seinen Geschöpfen gegenüber.

Dua des Tages:

رَبَّنَا ظَلَمْنَا أَنفُسَنَا وَإِن لَّمْ تَغْفِرْ لَنَا وَتَرْحَمْنَا لَنَكُونَنَّ مِنَ الْخَاسِرِينَ

Rabbana zalamna anfusina wa il lam taghfir lana wa tarhamna lana kunan minal-khasireen

Unser Herr! Wir haben unseren eigenen Seelen Unrecht getan. Wenn Du uns nicht vergibst und uns nicht Deine Barmherzigkeit schenkst, werden wir sicherlich verloren sein.   [Sure Al A'raf 7:23]

Der Prophet Mohammed ﷺ sagte:

"WER DIE FALSCHHEIT (Z.B. LÜGEN) UND DIE BÖSEN TATEN UND DAS REDEN SCHLECHTER WORTE ZU ANDEREN NICHT AUFGIBT, DEN BRAUCHT ALLAH NICHT, WENN ER SEIN ESSEN UND TRINKEN AUFGIBT (FASTET)"   [Bukhari 6057]

Meine Gedanken / gute Taten / Ziele:

____

____

____

Ramadan Tag 3

Datum: .... ⏱ Sahur: .... ⏱ Iftar: ....

Gebets-Tracker	Sunnah Aktivitäten

Gebets-Tracker

Sunnah (2 Rakat) — Fard — Sunnah (2 Rakat)

FAJR
○ ○

DHUHR
○ ○ ○ ○

ASR

MAGHRIB
○ ○

ISHA'A
○ ○

Sunnah Aktivitäten

○ Adhkar Al-Sabah
○ Sadaqa (Spende; gute Tat)
○ Adkar Al-Masaa
○ Tarawih
○ Adhkar Al-Naum
○ ....

Tasbih ○ Ja ○ nein

Koran Rezitation

Vers: ....
Sure: ....
Juz: ....

Ich bin dankbar für:

____

____

____

Reflexionen

<table>
<tr><td>

Mein Fastentag war

leicht ○   mittel ○   schwierig ○

</td><td>

Meine Stimmung war

☹ ☹ 😐 🙂 😀

</td></tr>
</table>

Al-Malik

Der König: Der Souveräne; der ewige Gott; der Eine, dessen Herrschaft frei von Unvollkommenheit ist.

Dua des Tages:

قُلِ ٱللَّهُمَّ مَـٰلِكَ ٱلْمُلْكِ تُؤْتِى ٱلْمُلْكَ مَن تَشَاءُ وَتَنزِعُ ٱلْمُلْكَ مِمَّن تَشَاءُ وَتُعِزُّ مَن تَشَاءُ وَتُذِلُّ مَن تَشَاءُ بِيَدِكَ ٱلْخَيْرُ إِنَّكَ عَلَىٰ كُلِّ شَىْءٍ قَدِيرٌ

Quli allahumma malika almulki tuti almulka man tashao watanziAu almulka mimman tashao watuAAizzu man tashao watuthillu man tashao biyadika alkhayru innaka Aala kulli shayin qadirun

Sag: O Allah, Herr der Herrschaft, Du gibst die Herrschaft, wem Du willst, Und Du entziehst die Herrschaft, wem Du willst. Du machst mächtig, wen Du willst, und Du erniedrigst, wen Du willst. In Deiner Hand ist (all) das Gute. Gewiss, Du hast zu allem die Macht. [Ali Imran 3:26]

Der Prophet Mohammed ﷺ sagte:

"DIE BESTEN UNTER EUCH (MUSLIMEN) SIND DIEJENIGEN, DIE DEN KORAN LERNEN UND IHN LEHREN." [Bukhari 5027]

Meine Gedanken / gute Taten / Ziele:

____

____

____

____

Ramadan Tag 4

Datum: .... Sahur: .... Iftar: ....

Gebets-Tracker	Sunnah Aktivitäten

Gebets-Tracker

Sunnah (2 Rakat)   Fard   Sunnah (2 Rakat)

FAJR

DHUHR

ASR

MAGHRIB

ISHA'A

Sunnah Aktivitäten

- ○ Adhkar Al-Sabah
- ○ Sadaqa (Spende; gute Tat)
- ○ Adkar Al-Masaa
- ○ Tarawih
- ○ Adhkar Al-Naum
- ○ ....

Tasbih   ○ Ja   ○ nein

Koran Rezitation

Vers: ....

Sure: ....

Juz: ....

Ich bin dankbar für:

____

____

____

Reflexionen

Al-Muhyi

Der Lebensspendende:
Der Lebensgeber, der einen
lebendigen Menschen, der
keine Seele hat, aus einem
Samen hervorgebracht hat.

Dua des Tages:

اَلْحَمْدُ لِلَّهِ الَّذِي عَافَانِي فِي جَسَدِي، وَرَدَّ عَلَيَّ رُوحِي، وَأَذِنَ لِي بِذِكْرِهِ.

**Alhamdu lillahi al-lathi Aafani fi jasadi waradda Aalayya ruhi
wa-athina li bithikrih.**

Alles Lob gebührt Allah, der mir meine Gesundheit
wiedergegeben und meine Seele zurückgegeben hat und
mir erlaubt hat, mich an Ihn zu erinnern.

[Tirmidhi 5:473]

Der Prophet Mohammed ﷺ sagte:

"FASTEN IST EIN SCHUTZSCHILD VOR DEM HÖLLENFEUER,
SO WIE EIN SCHILD IN DER SCHLACHT."

[Sunan Ibn Majah 1639]

Meine Gedanken / gute Taten / Ziele:

____

____

____

Ramadan Tag 5

Datum: .... ⏱ Sahur: .... ⏱ Iftar: ....

Gebets-Tracker	Sunnah Aktivitäten

Gebets-Tracker

Sunnah (2 Rakat) Fard Sunnah (2 Rakat)

FAJR
○ ○

DHUHR
○ ○

ASR
○ ○

MAGHRIB
○ ○

ISHA'A
○ ○

Sunnah Aktivitäten

○ Adhkar Al-Sabah
○ Sadaqa (Spende; gute Tat)
○ Adkar Al-Masaa
○ Tarawih
○ Adhkar Al-Naum
○ ....

Tasbih ○ Ja   ○ nein

Koran Rezitation

Vers: ....

Sure: ....

Juz: ....

Ich bin dankbar für:

____

____

____

Reflexionen

<table>
<tr><td>

Mein Fastentag war

leicht ○   mittel ○   schwierig ○

</td><td>

Meine Stimmung war

😟 😞 😐 😊 😄

</td></tr>
</table>

Der Friede: Der Retter; Der Makellose. Er ist die Quelle allen Friedens und der Sicherheit.

Dua des Tages:

اللَّهُمَّ أَنْتَ السَّلَامُ، وَمِنْكَ السَّلَامُ، تَبَارَكْتَ يَا ذَا الْجَلَالِ وَالْإِكْرَامِ .

Allahumma antas-salam waminkas-salam, tabarakta ya thal-jalali wal-ikram.

O Allah. Du bist Friede und von Dir kommt aller Friede.
Gesegnet seist Du. o Besitzer der Allmacht und der Ehre.

[Muslim 1:414]

Der Prophet Mohammed ﷺ sagte:

"DIE BESTEN UNTER EUCH SIND DIEJENIGEN, DIE DIE BESTEN MANIEREN UND DEN BESTEN CHARAKTER HABEN."

[Bukhari 3559]

Meine Gedanken / gute Taten / Ziele:

____

____

____

____

Ramadan Tag 6

Datum: .... 🕑 Sahur: .... 🕑 Iftar: ....

Gebets-Tracker	Sunnah Aktivitäten

Gebets-Tracker

Sunnah (2 Rakat)   Fard   Sunnah (2 Rakat)

FAJR

DHUHR

ASR

MAGHRIB

ISHA'A

Sunnah Aktivitäten

O Adhkar Al-Sabah

O Sadaqa (Spende; gute Tat)

O Adkar Al-Masaa

O Tarawih

O Adhkar Al-Naum

O ....

Tasbih O Ja O nein

Koran Rezitation

Vers: ....

Sure: ....

Juz: ....

Ich bin dankbar für:

____

____

____

Reflexionen

Der Allmächtige: Er hat die absolute und unbeschränkte Allmacht – alles ist Seiner Autorität unterworfen.

Dua des Tages:

رَبَّنَا لَا تَجْعَلْنَا فِتْنَةً لِّلَّذِينَ كَفَرُواْ وَٱغْفِرْ لَنَا رَبَّنَا إِنَّكَ أَنتَ ٱلْعَزِيزُ ٱلْحَكِيمُ

Rabbana la Tajalna Fitnatun li-ladhina kafaru wa Ighfir lana,
Rabbana innaka Anta Al-Aziz Al-Hakim.

Unser Herr, mache uns nicht zu einer Versuchung für diejenigen, die ungläubig sind. Und vergib uns, unser Herr. Du bist ja der Allmächtige und Allweise. [Sure al-Mumtahana 60:05]

Der Prophet Mohammed ﷺ sagte:

"DIE WAHRHEIT FÜHRT INS PARADIES, UND DIE TUGEND FÜHRT INS PARADIES..." [Muslim 2607a]

Meine Gedanken / gute Taten / Ziele:

____

____

____

____

Ramadan Tag 7

Datum: .... ⏱ Sahur: .... ⏱ Iftar: ....

Gebets-Tracker	Sunnah Aktivitäten

Gebets-Tracker

Sunnah (2 Rakat) — Fard — Sunnah (2 Rakat)

FAJR

DHUHR

ASR

MAGHRIB

ISHA'A

Sunnah Aktivitäten

- ◯ Adhkar Al-Sabah
- ◯ Sadaqa (Spende; gute Tat)
- ◯ Adkar Al-Masaa
- ◯ Tarawih
- ◯ Adhkar Al-Naum
- ◯ ....

Tasbih ◯ Ja ◯ nein

Koran Rezitation

Vers: ....

Sure: ....

Juz: ....

Ich bin dankbar für:

____

____

____

Reflexionen

Al-Ghafur

Der Allvergebende,
Der viel vergibt und
immer wieder verzeiht

Dua des Tages:

قُل يَـٰعِبَادِىَ ٱلَّذِينَ أَسْرَفُوا۟ عَلَىٰ أَنفُسِهِم لَا تَقْنَطُوا۟ مِن رَّحْمَةِ ٱللَّهِ إِنَّ ٱللَّهَ يَغْفِرُ ٱلذُّنُوبَ جَمِيعًا إِنَّهُۥ هُوَ ٱلْغَفُورُ ٱلرَّحِيم

Kul ya-Ibadiya Alldhina Asrafu ala Anfusihim la Taknatu min Rahmati Allah Inna Allah yaghfiru Al-Dhnuba Jamian Innahu huwa Al-Ghafuur Al Rahim.

Sag: O Meine Diener, die ihr gegen euch selbst maßlos gewesen seid, verliert nicht die Hoffnung auf Allahs Barmherzigkeit; denn Allah vergibt alle Sünden. Er ist der Allvergebende und Barmherzige.

[Sure Az-Zumar 39:53]

Der Prophet Mohammed ﷺ sagte:

"WER IN DANKBARKEIT ISST, HAT DEN STATUS EINES GEDULDIG FASTENDEN."

[Tirmidhi 2486]

Meine Gedanken / gute Taten / Ziele:

____

____

____

____

Ramadan Tag 8

Datum: .... ⏱ Sahur: .... ⏱ Iftar: ....

Gebets-Tracker	Sunnah Aktivitäten

Gebets-Tracker

Sunnah (2 Rakat) — Fard — Sunnah (2 Rakat)

FAJR
○ ○

DHUHR
○ ○   ○ ○

ASR

MAGHRIB
○ ○

ISHA'A
○ ○

Sunnah Aktivitäten

○ Adhkar Al-Sabah
○ Sadaqa (Spende; gute Tat)
○ Adkar Al-Masaa
○ Tarawih
○ Adhkar Al-Naum
○ ....

Tasbih   ○ Ja   ○ nein

Koran Rezitation

Vers: ....

Sure: ....

Juz: ....

Ich bin dankbar für:

____

____

____

Reflexionen

Al-Mudschib

Der Erhörer der Gebete, der dem Bedürftigen antwortet, wenn er Ihn bittet, und den Sehnsüchtigen errettet, wenn er Ihn anruft.

Dua des Tages:

أَمَّنْ يُجِيبُ الْمُضْطَرَّ إِذَا دَعَاهُ وَيَكْشِفُ السُّوْءَ

Amman judschiib al-Mudhtarr Idha Daahu wa Yakschifa al-Suua.

"Wer antwortet dem Bedrängten, wenn er Ihn anruft, und nimmt das Übel hinweg?"

[Sure An-Naml 27:62]

Der Prophet Mohammed ﷺ sagte:

"WER DEN MENSCHEN NICHT DANKT, DANKT AUCH ALLAH NICHT."

[At-Tirmidhi]

Meine Gedanken / gute Taten / Ziele:

____

____

____

____

Ramadan Tag 9

Datum: .... ⏱ Sahur: .... ⏱ Iftar: ....

Gebets-Tracker	Sunnah Aktivitäten

Gebets-Tracker

Sunnah (2 Rakat) Fard Sunnah (2 Rakat)

FAJR

DHUHR

ASR

MAGHRIB

ISHA'A

Sunnah Aktivitäten

○ Adhkar Al-Sabah

○ Sadaqa (Spende; gute Tat)

○ Adkar Al-Masaa

○ Tarawih

○ Adhkar Al-Naum

○ ....

Tasbih ○ Ja ○ nein

Koran Rezitation

Vers: ....

Sure: ....

Juz: ....

Ich bin dankbar für:

____

____

Reflexionen

Al-'Afuww

Der Verzeiher der Sünden:
Der Vergebende, der Sünden
auslöscht und weder Sünde
noch Fehler hinterlässt.

Dua des Tages:

اَللَّهُمَّ إِنَّكَ عَفُوٌّ تُحِبُّ الْعَفْوَ فَاعْفُ عَنِّيْ

Allahumma Innaka Afuw Tuhibu Al Afwa Fa Afu Anni

O Allah, Du bist verzeihend und Du liebst es zu verzeihen,
also verzeih mir.

[At-Tirmidhi]

Der Prophet Mohammed ﷺ sagte:

"ALLAH IST ZUFRIEDEN MIT SEINEM DIENER, DER
ALHAMDULILLAH SAGT, WENN ER EINEN BISSEN NAHRUNG
ZU SICH NIMMT UND EINEN SCHLUCK WASSER TRINKT."

[Muslim 2734]

Meine Gedanken / gute Taten / Ziele:

____

____

____

____

Ramadan Tag 10

Datum: .... ⏱ Sahur: .... ⏱ Iftar: ....

| Gebets-Tracker | Sunnah Aktivitäten |

Gebets-Tracker

Sunnah (2 Rakat)   Fard   Sunnah (2 Rakat)

FAJR

DHUHR

ASR

MAGHRIB

ISHA'A

Sunnah Aktivitäten

○ Adhkar Al-Sabah

○ Sadaqa (Spende; gute Tat)

○ Adkar Al-Masaa

○ Tarawih

○ Adhkar Al-Naum

○ ....

Tasbih ○ Ja ○ nein

Koran Rezitation

Vers: ....

Sure: ....

Juz: ....

Ich bin dankbar für:

____

____

____

Reflexionen

Der Barmherzige: Der Seinen Dienern Seine Barmherzigkeit Schenkende.

Dua des Tages:

رَّبِّ ٱغْفِرْ وَٱرْحَمْ وَأَنتَ خَيْرُ ٱلرَّاحِمِينَ

Rabbi Ighfir wa Irham wa Anta Khair Al-Rahimin

Mein Herr, vergib und erbarme dich, und du bist der Beste der Barmherzigen.

[Sure Al-Muminun 23:118]

Der Prophet Mohammed ﷺ sagte:

"WENN EIN MUSLIM FÜR SEINE FAMILIE SPENDET UND DAFÜR EINE BELOHNUNG VON ALLAH ERBITTET, GILT DIES FÜR IHN ALS SADAQA."

[Muslim Buch 5, Nr. 2192]

Meine Gedanken / gute Taten / Ziele:

____

____

____

____

Niemand von Euch
hat den Glauben erlangt,
solange er nicht
für seine Brüder liebt,
was er für sich selbst liebt.

[Sahih Bukhari. und Muslim]

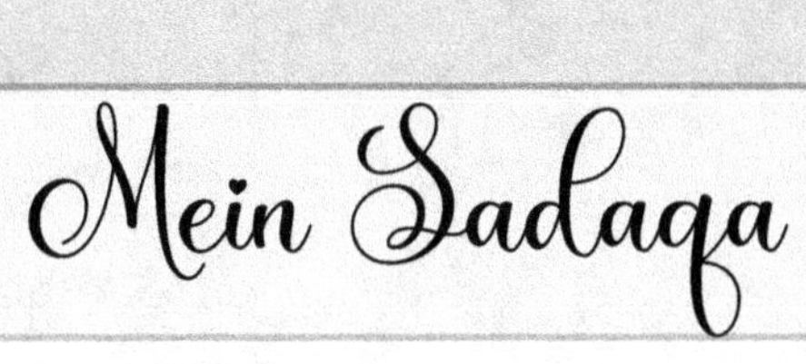

Mein Sadaqa

Ramadan Tag 11

Datum: .... Sahur: .... Iftar: ....

| Gebets-Tracker | Sunnah Aktivitäten |

Gebets-Tracker

Sunnah (2 Rakat)   Fard   Sunnah (2 Rakat)

FAJR

DHUHR

ASR

MAGHRIB

ISHA'A

Sunnah Aktivitäten

○ Adhkar Al-Sabah
○ Sadaqa (Spende; gute Tat)
○ Adkar Al-Masaa
○ Tarawih
○ Adhkar Al-Naum
○ ....

Tasbih   ○ Ja   ○ nein

Koran Rezitation

Vers: ....
Sure: ....
Juz: ....

Ich bin dankbar für:

____

____

____

Reflexionen

<table>
<tr><td>

Mein Fastentag war

leicht ○   mittel ○   schwierig ○

</td><td>

Meine Stimmung war

</td></tr>
</table>

Al-'Alim

Der Allwissende: Allahs Wissen erstreckt sich auf alles Gesehene und Ungesehene, Offensichtliche und Verborgene, Gegenwärtige und Zukünftige, Nahe und Ferne.

Dua des Tages:

رَبَّنَا تَقَبَّلْ مِنَّا إِنَّكَ أَنْتَ السَّمِيعُ العَلِيمُ

Rabbana taqabbal minna innaka antas Samiaul Alim

Unser Herr! Nimm (diesen Dienst) von uns an: Denn Du bist der Allhörende und Allwissende.

[Al-Baqarah 2:127]

Der Prophet Mohammed ﷺ sagte:

"DER STARKE IST NICHT DERJENIGE, DER DIE MENSCHEN DURCH SEINE STÄRKE BESIEGT, SONDERN DER STARKE IST DERJENIGE, DER SICH IM ZORN BEHERRSCHT."

[Bukhari 6114]

Meine Gedanken / gute Taten / Ziele:

____

____

____

____

Ramadan Tag 12

Datum: .... ⏱ Sahur: .... ⏱ Iftar: ....

| Gebets-Tracker | Sunnah Aktivitäten |

Gebets-Tracker

Sunnah (2 Rakat)   Fard   Sunnah (2 Rakat)

FAJR
○ ○

DHUHR
○ ○

ASR
○ ○

MAGHRIB
○ ○

ISHA'A
○ ○

Sunnah Aktivitäten

○ Adhkar Al-Sabah
○ Sadaqa (Spende; gute Tat)
○ Adkar Al-Masaa
○ Tarawih
○ Adhkar Al-Naum
○ ....

Tasbih   ○ Ja
         ○ nein

Koran Rezitation

Vers: ....

Sure: ....

Juz: ....

Ich bin dankbar für:

____

____

____

Reflexionen

Al-Wahhāb

Der unablässig Schenkende, dessen Segnungen frei und fortwährend gegeben werden.

Dua des Tages:

رَبَّنَا لَا تُزِغْ قُلُوْبَنَا بَعْدَ اِذْ هَدَيْتَنَا وَهَبْ لَنَا مِنْ لَّدُنْكَ رَحْمَةً ۚ اِنَّكَ اَنْتَ الْوَهَّابُ

Rabbanaa Laa Tuzigh Quloobanaa Ba'-Da Id'hadaytanaa Wa Hab Lanaa Mil Ladunka Rah'mah Innaka Antal Wahaab

Unser Herr, lasse unsere Herzen nicht (von der Wahrheit) abschweifen, nachdem Du uns rechtgeleitet hast, und schenke uns Deine Barmherzigkeit. Du bist ja der unablässig Schenkende.

[Al-'Imran 3:8]

Der Prophet Mohammed ﷺ sagte:

"DER PLATZ VON DER GRÖSSE EINER PEITSCHE IM PARADIES IST BESSER ALS DIESE WELT UND ALLES, WAS IN IHR IST."

[Bukhari 3250]

Meine Gedanken / gute Taten / Ziele:

Ramadan Tag 13

Datum: ....   Sahur: ....   Iftar: ....

Gebets-Tracker

Sunnah (2 Rakat)   Fard   Sunnah (2 Rakat)

FAJR

DHUHR

ASR

MAGHRIB

ISHA'A

Sunnah Aktivitäten

- ◯ Adhkar Al-Sabah
- ◯ Sadaqa (Spende; gute Tat)
- ◯ Adkar Al-Masaa
- ◯ Tarawih
- ◯ Adhkar Al-Naum
- ◯ ....

Tasbih   ◯ Ja   ◯ nein

Koran Rezitation

Vers: ....

Sure: ....

Juz: ....

Ich bin dankbar für:

Reflexionen

Der Ewige: Derjenige, der verbleibt und nicht vergeht; Der aus Sich Selbst Seiende, von Dem alles abhängt.

Dua des Tages:

يَا حَيُّ يَا قَيُّومُ بِرَحْمَتِكَ أَسْتَغِيثُ

Ya Hayyu Ya Qayyum bi rehmatika astaghis

Oh Ewiglebender, Immerwährender, ich suche Deine Hilfe durch Deine Barmherzigkeit.

[Sunan An-Nasa'i]

Der Prophet Mohammed ﷺ sagte:

"GEPRIESEN SEI ALLAH, DER UNS DAS LEBEN SCHENKT, NACHDEM ER UNS HAT STERBEN LASSEN UND ZU IHM IST DIE RÜCKKEHR."

[Muslim 4. / 2083]

Meine Gedanken / gute Taten / Ziele:

Ramadan Tag 14

Datum: .... ⏱ Sahur: .... ⏱ Iftar: ....

Gebets-Tracker	Sunnah Aktivitäten

Gebets-Tracker

Sunnah (2 Rakat)   Fard   Sunnah (2 Rakat)

FAJR

◯ ◯

DHUHR

◯ ◯   ◯ ◯

ASR

MAGHRIB

◯ ◯

ISHA'A

◯ ◯

Sunnah Aktivitäten

◯ Adhkar Al-Sabah

◯ Sadaqa (Spende; gute Tat)

◯ Adkar Al-Masaa

◯ Tarawih

◯ Adhkar Al-Naum

◯ ....

Tasbih   ◯ Ja   ◯ nein

Koran Rezitation

Vers: ....

Sure: ....

Juz: ....

Ich bin dankbar für:

____

____

____

Reflexionen

Al-Karim

Der Freigebige, der Großzügige:
Derjenige, dem aller Ruhm
und Herrlichkeit zusteht.

Dua des Tages:

اللَّهُمَّ إِنَّكَ عَفُوٌّ كَرِيمٌ تُحِبُّ الْعَفْوَ فَاعْفُ عَنِّي

Allahumma innaka Afuwwun Karimun tuhibbul `afwa fa`fu `anni

O Allah, Du bist wahrlich großzügig, Du liebst Verzeihung,
so verzeih mir.

[Tirmidhi 3513]

Der Prophet Mohammed ﷺ sagte:

"ZEIGE BARMHERZIGKEIT UND DIR WIRD BARMHERZIGKEIT
ZUTEIL. VERGEBT, UND ALLAH WIRD EUCH VERGEBEN ..."

[Al-Adab al-Mulfrad 380]

Meine Gedanken / gute Taten / Ziele:

Ramadan Tag 15

Datum: .... ⏱ Sahur: .... ⏱ Iftar: ....

Gebets-Tracker

Sunnah Fard Sunnah
(2 Rakat) (2 Rakat)

FAJR

○ ○

DHUHR

○ ○   ○ ○

ASR

MAGHRIB

○ ○

ISHA'A

○ ○

Sunnah Aktivitäten

○ Adhkar Al-Sabah
○ Sadaqa (Spende; gute Tat)
○ Adkar Al-Masaa
○ Tarawih
○ Adhkar Al-Naum
○ ....

Tasbih ○ Ja
        ○ nein

Koran Rezitation

Vers: ....

Sure: ....

Juz: ....

Ich bin dankbar für:

____

____

____

Reflexionen

Der Allhörende: Derjenige, dessen Gehör und Aufmerksamkeit alles erfasst – ohne Ohren, Instrumente oder Organe

Dua des Tages:

رَبَّنَا تَقَبَّلْ مِنَّا إِنَّكَ أَنْتَ السَّمِيعُ العَلِيمُ

Rabbana taqabbal minna innaka antas Samiaul Alim

Unser Herr! Nimm (diesen Dienst) von uns an: Denn Du bist der Allhörende und Allwissende.

[Al-Baqarah 2:127]

Der Prophet Mohammed ﷺ sagte:

"DERJENIGE, DEM ES SCHWER FÄLLT DEN KORAN ZU REZITIEREN, WIRD EINE DOPPELTE BELOHNUNG ERHALTEN."

[Muslim 798 und Bukhari 4937]

Meine Gedanken / gute Taten / Ziele:

____

____

____

____

Ramadan Tag 16

Datum: .... ⏱ Sahur: .... ⏱ Iftar: ....

Gebets-Tracker	Sunnah Aktivitäten

Gebets-Tracker

Sunnah (2 Rakat)   Fard   Sunnah (2 Rakat)

FAJR
○ ○

DHUHR
○ ○

ASR
○ ○   ○ ○

MAGHRIB

ISHA'A
○ ○   ○ ○

Sunnah Aktivitäten

○ Adhkar Al-Sabah
○ Sadaqa (Spende; gute Tat)
○ Adkar Al-Masaa
○ Tarawih
○ Adhkar Al-Naum
○ ....

Tasbih   ○ Ja   ○ nein

Koran Rezitation

Vers: ....

Sure: ....

Juz: ....

Ich bin dankbar für:

____

____

____

Reflexionen

Der Allmächtige: Er tut, was Er will. Nichts im Himmel oder auf der Erde entgeht Ihm oder vereitelt Seinen Plan.

Dua des Tages:

لا إله إلا الله وحده لا شريك له له الملك وله الحمد وهو على كل شيء قدير

Laa ilaaha ill-allaahu, waḥdahu laa sharika lah, lahul-mulku wa lahul-ḥamdu, wa huwa 'alaa kulli shay'in qadir

Niemand hat das Recht, angebetet zu werden, außer Allah, der allein und ohne Partner ist. Ihm gehört die Herrschaft und alles Lob, und Er ist über alles allmächtig.

[At-Tirmidhi 5:504]

Der Prophet Mohammed ﷺ sagte:

"ALLAH IST SCHÖN UND LIEBT DIE (INNERE) SCHÖNHEIT. ARROGANZ BEDEUTET, DIE WAHRHEIT ZU VERSPOTTEN UND ABZULEHNEN UND MENSCHEN ZU VERACHTEN."

[Muslim Buch 1. Hadith 612]

Meine Gedanken / gute Taten / Ziele:

Ramadan Tag 17

Datum: ....   ⏱ Sahur: ....   ⏱ Iftar: ....

Gebets-Tracker

Sunnah   Fard   Sunnah
(2 Rakat)   (2 Rakat)

FAJR
○ ○

DHUHR
○ ○   ○ ○

ASR

MAGHRIB
○ ○

ISHA'A
○ ○

Sunnah Aktivitäten

○ Adhkar Al-Sabah
○ Sadaqa (Spende; gute Tat)
○ Adkar Al-Masaa
○ Tarawih
○ Adhkar Al-Naum
○ ....

Tasbih   ○ Ja
         ○ nein

Koran Rezitation

Vers: ....

Sure: ....

Juz: ....

Ich bin dankbar für:

____

____

____

Reflexionen

At-Tawwaab

Der Reue Annehmende; Der Erbarmungsvolle, der Reue seiner Diener gewährt und Reue annimmt.

Dua des Tages:

سُبْحـانَكَ اللّهُمَّ وَبِحَمدِك، أَشْهَدُ أَنْ لا إِلهَ إِلاَّ أَنْتَ أَسْتَغْفِرُكَ وَأَتوبُ إِلَيْك

Subhaanaka Allaahumma wa bihamdika, 'ash-hadu 'an laa 'ilaaha 'illaa 'Anta, 'astaghfiruka wa 'atoobu 'ilayka

Ehre sei Dir, o Allah, und Lob sei Dir. Ich bezeuge, dass es niemanden gibt, der der Anbetung würdig ist, außer Dir. Ich bitte Dich um Vergebung und tue Buße bei Dir.

[Abu Dawud 4859]

Der Prophet Mohammed ﷺ sagte:

"DEIN GOTT IST BESCHEIDEN UND GROSSZÜGIG. ER WEIST SEINEN DIENER NICHT MIT LEEREN HÄNDEN ZURÜCK, WENN DIESER SEINE HÄNDE ZU IHM ERHEBT."

[Ibn Majah 3865; At-Tirmidhi; Abu Dawud]

Meine Gedanken / gute Taten / Ziele:

____

____

____

Ramadan Tag 18

Datum: .... 🕐 Sahur: .... 🕐 Iftar: ....

Gebets-Tracker

Sunnah (2 Rakat)　　Fard　　Sunnah (2 Rakat)

FAJR

○ ○

DHUHR

○ ○

ASR

○ ○　　○ ○

MAGHRIB

○ ○

ISHA'A

○ ○

Sunnah Aktivitäten

○ Adhkar Al-Sabah
○ Sadaqa (Spende; gute Tat)
○ Adkar Al-Masaa
○ Tarawih
○ Adhkar Al-Naum
○ ....

Tasbih　○ Ja　○ nein

Koran Rezitation

Vers: ....

Sure: ....

Juz: ....

Ich bin dankbar für:

____

____

____

Reflexionen

Al-'Azīm

Der Großartige: Derjenige, der die Titel ‚Erhabenheit‘, ‚Herrlichkeit‘, ‚Vollkommenheit‘ und ‚Reinheit von aller Unvollkommenheit‘ verdient.

Dua des Tages:

سُبْحَانَ ذِي الْجَبَرُوتِ، وَالْمَلَكُوتِ، وَالْكِبْرِيَاءِ، وَالْعَظَمَةِ

Subhaana thil-jabaruti, walmalakuti, walkibriyaa'i, wal'adhamati

Gepriesen seist Du, Herr der Macht, der Herrschaft, der Majestät und der Herrlichkeit.

[Sunan An-Nasa'i 1133]

Der Prophet Mohammed ﷺ sagte:

"HABT KEIN VERLANGEN NACH DIESER WELT. ALLAH WIRD EUCH LIEBEN; UND HABT KEIN VERLANGEN NACH DEM, WAS DIE MENSCHEN BESITZEN, UND DIE MENSCHEN WERDEN EUCH LIEBEN."

[Bukhari 7485]

Meine Gedanken / gute Taten / Ziele:

Ramadan Tag 19

Datum: ....　⏱ Sahur: ....　⏱ Iftar: ....

| Gebets-Tracker | Sunnah Aktivitäten |

Gebets-Tracker

Sunnah (2 Rakat)　Fard　Sunnah (2 Rakat)

FAJR
○ ○

DHUHR
○ ○ ○ ○

ASR

MAGHRIB
○ ○

ISHA'A
○ ○

Sunnah Aktivitäten

○ Adhkar Al-Sabah
○ Sadaqa (Spende; gute Tat)
○ Adkar Al-Masaa
○ Tarawih
○ Adhkar Al-Naum
○ ....

Tasbih　○ Ja　○ nein

Koran Rezitation

Vers: ....
Sure: ....
Juz: ....

Ich bin dankbar für:

____

____

____

Reflexionen

<table>
<tr><td>

Mein Fastentag war

leicht ○ mittel ○ schwierig ○

</td><td>

Meine Stimmung war

☹ ☹ 😐 🙂 😄

</td></tr>
</table>

Ar-Razzāq

Der Versorger: Der Ernährer aller Seiner Geschöpfe, der alle Mittel zur Ernährung erschafft und ihnen ihren Lebensunterhalt gibt.

Dua des Tages:

اللَّهُمَّ إِنِّي أَسْأَلُكَ عِلْماً نَافِعاً، وَرِزْقاً طَيِّباً، وَعَمَلاً مُتَقَبَّلاً

Allaahumma ,innie 'as'aluka 'ilman naafi'an, wa rizqan tayyiban, wa 'amalan mutaqabbalan

O Allah, ich bitte Dich um Wissen, das von Nutzen ist, um eine gute Versorgung und um Taten, die angenommen werden. [Ibn Majah 925]

Der Prophet Mohammed ﷺ sagte:

"JEDES GUTE IST NÄCHSTENLIEBE. WAHRLICH, ZU DEN GUTEN DINGEN GEHÖRT ES, DEINEM BRUDER MIT EINEM LÄCHELNDEN GESICHT ZU BEGEGNEN UND DAS, WAS IN DEINEM EIMER ÜBRIG IST, IN DAS GEFÄSS DEINES BRUDERS ZU SCHÜTTEN." [Tirmidhi 1970]

Meine Gedanken / gute Taten / Ziele:

____

____

____

____

Ramadan Tag 20

Datum: .... ⏱ Sahur: .... ⏱ Iftar: ....

Gebets-Tracker	Sunnah Aktivitäten

Gebets-Tracker

Sunnah (2 Rakat)   Fard   Sunnah (2 Rakat)

FAJR
○ ○

DHUHR
○ ○   ○ ○

ASR

MAGHRIB
○ ○

ISHA'A
○ ○

Sunnah Aktivitäten

○ Adhkar Al-Sabah
○ Sadaqa (Spende; gute Tat)
○ Adkar Al-Masaa
○ Tarawih
○ Adhkar Al-Naum
○ ....

Tasbih   ○ Ja
         ○ nein

Koran Rezitation

Vers: ....
Sure: ....
Juz: ....

Ich bin dankbar für:

____

____

Reflexionen

Al-Hādi

Der Führende, der mit Seiner Führung die Gläubigen leitet, und zu dem führt, was ihnen nützt und vor dem schützt, was ihnen schadet.

Dua des Tages:

اللَّهُمَّ اغْفِرْ لِي، وَارْحَمْنِي، وَاهْدِنِي، وَاجْبُرْنِي، وَعَافِنِي، وَارْزُقْنِي، وَارْفَعْنِي

Allaahum-maghfir li, warhamni, wahdini, wajburni, wa 'aafini, warzuqni, warfa'ni

O Allah, vergib mir, sei mir gnädig, führe mich, unterstütze mich, beschütze mich, versorge mich und erhöhe mich.   [Ibn Majah 3845. 1517; Tirmidhi 284]

Der Prophet Mohammed ﷺ sagte:

"Der starke Gläubige ist besser und geliebter bei Allah als der schwache Gläubige. Aber es gibt Gutes in beiden. Strebt nach dem, was euch hilft, sucht die Hilfe Allahs und werdet nicht nachlässig ..."   [Muslim 2664]

Meine Gedanken / gute Taten / Ziele:

____

____

____

____

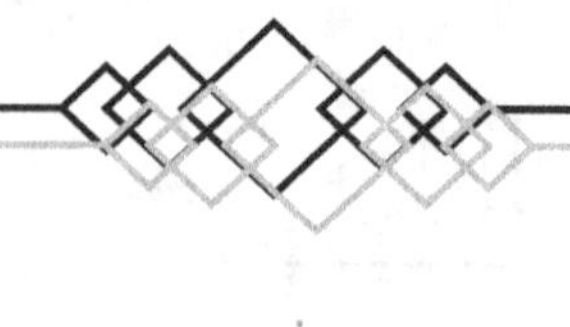

قال النبي ﷺ : "ثلاثة أقسم عليهن، وأحدثكم حديثاً فاحفظوه: ما نقص مال عبد من صدقة، ولا ظلم عبد مظلمة فصبر عليها، إلا زاده الله بها عزاً، ولا فتح عبد باب مسألة إلا فتح الله عليه باب فقر". رواه الترمزي

Qal alnabiu ﷺ: "thalathat 'uqsim ealayhina, wa'uhdithakum hdythaan fahfazuhu: ma naqs mal eabd min sadaqatin, wala zulm eabd muzlimatan fisabir ealayha, 'iilaa zadah allah biha ezaan, wala fath eabd bab mas'alat 'iilaa fath allah ealayh bab faqar". rawah altarmithi

Der Prophet Mohammed ﷺ sagte:
„Ich bestätige euch folgende drei Dinge und sage euch einen Hadith. Daher merkt ihn euch: Das Geld eines Dieners wird nicht weniger, wenn er Geld spendet. Wenn jemand ein Unrecht widerfährt und er es erträgt, dann erhöht Allah seine Ehre. Und wenn jemand einem anderen hilft, dann schützt Allah ihn vor Armut."

[Tirmidhi]

Mein Sadaqa

Die Letzten 10 Nächte von Ramadan

العشر الأواخر

كان صلــى الله عليه و سلم
يجاور في العشر الأواخر من رمضان
ويقول : (تحروا ليــلة القدر
في العشر الأواخــر من رمضان)

حديث صحيح

Der Prophet Mohammed  sagte über die letzten 10 Tage von Ramadan: "Versucht Lailat al-Qadr in den letzten 10 Tagen ausfindig zu machen."

[Sahih Muslim]

Lailat al-Qadr

Lailat al-Qadr, die Nacht der Bestimmung oder Nacht der Allmacht genannt, ist eine der heiligsten Nächte im islamischen Kalender. Sie findet **in den letzten zehn Tagen des Ramadan** statt und war die Nacht, in der der Koran dem Propheten Mohammed ﷺ offenbart wurde.

Sie gilt auch als die Nacht, in der Allah seiner Schöpfung große Barmherzigkeit erweist, und als die Nacht, in der das Schicksal der Menschen entschieden wird.

Allah sagt im Koran:
"Die Nacht des Erlasses ist besser als tausend Monate"
[Sure Al-Qadr 97:3]

Der Prophet ﷺ sagte:
"Wer an Laylatul Qadr aus Glauben und Aufrichtigkeit betet, dem werden alle seine vergangenen Sünden vergeben"
[Hadith, Bukhari und Muslim]

Das aufrichtige Gebet um Vergebung, das Rezitieren des Heiligen Koran, das Senden von Salawat (Segenswünsche an den Propheten) und das Verrichten von freiwilligen Gebeten (Nafl) sind Beispiele für segensreiche Anbetungshandlungen in diesen Nächten.

Das genaue Datum von Laylat al-Qadr ist nicht bekannt. Es wird jedoch angenommen, dass es in einer ungeraden Nacht in den letzten zehn Tagen des Ramadan stattfindet (z. B. in der 21., 23., 25., 27. oder 29. Nacht).

Der Prophet Mohammed ﷺ sagte:
"Sucht es in den letzten zehn Tagen, in den ungeraden Nächten"
[Bukhari und Muslim]

Es wurde von Aischa (möge Allah mit ihr zufrieden sein) überliefert, dass sie den Propheten Mohammed ﷺ fragte:
„O Gesandter Allahs, was soll ich sagen, wenn ich weiß, welche Nacht Lailat al-Qadr ist?"

Er antwortete:
„Allahumma, innaka Afuwwun Karimun, tuḥibbu al-afwa fa'afu anna"

"O Allah, Du bist wahrlich verzeihend und großzügig; Du liebst es zu verzeihen, so verzeihe uns."

Ramadan Tag 21

Datum: ....   Sahur: ....   Iftar: ....

Gebets-Tracker

Sunnah (2 Rakat)   Fard   Sunnah (2 Rakat)

FAJR

DHUHR

ASR

MAGHRIB

ISHA'A

Sunnah Aktivitäten

- ○ Adhkar Al-Sabah
- ○ Sadaqa (Spende; gute Tat)
- ○ Adkar Al-Masaa
- ○ Tarawih
- ○ Adhkar Al-Naum
- ○ ....

Tasbih   ○ Ja   ○ nein

Koran Rezitation

Vers: ....

Sure: ....

Juz: ....

Ich bin dankbar für:

____

____

____

Reflexionen

<table>
<tr><td>

Mein Fastentag war

leicht ○   mittel ○   schwierig ○

</td><td>

Meine Stimmung war

</td></tr>
</table>

Al-Wadūd

Der Liebevolle: Der seine gläubigen Diener liebt und von ihnen geliebt wird. Er ist die Quelle der Liebe.

Dua des Tages:

يا ودود يا ودود ، يا ذا العرش المجيد ، يا مبدئ يا معيد ، يا فعالا لما يريد ، أسألك بنور وجهك الذي ملأ أركان عرشك ، لا إله إلا أنت ، يا مغيث أغثني

ya wadud ya wadud , ya dha alearsh almajid , ya mabdi ya mueid , ya faeaalan lima yurid , 'as'aluk binur wajhik aladhi mala 'arkan earshik , la 'iilah 'iilaa 'ant , ya mughith Aghathani

O Gütiger, O Barmherziger, O Besitzer des glorreichen Throns, O Begründer, O Helfer, O Vollstrecker dessen, was Er will.

[Anas Ibn Malik]

Der Prophet Mohammed ﷺ sagte:

"ERWERBT EUCH EIN DANKBARES HERZ UND EINE ZUNGE, DIE ALLAHS GEDENKT!"

[Ibn Majah 1856]

Meine Gedanken / gute Taten / Ziele:

____

____

____

Ramadan Tag 22

Datum: .... ⏱ Sahur: .... ⏱ Iftar: ....

| Gebets-Tracker | Sunnah Aktivitäten |

Gebets-Tracker

Sunnah
(2 Rakat) Fard Sunnah
(2 Rakat)

FAJR

◯ ◯

DHUHR

◯ ◯   ◯ ◯

ASR

MAGHRIB

◯ ◯

ISHA'A

◯ ◯

Sunnah Aktivitäten

◯ Adhkar Al-Sabah

◯ Sadaqa (Spende; gute Tat)

◯ Adkar Al-Masaa

◯ Tarawih

◯ Adhkar Al-Naum

◯ ....

Tasbih ◯ Ja ◯ nein

Koran Rezitation

Vers: ....

Sure: ....

Juz: ....

Ich bin dankbar für:

____

____

Reflexionen

Al-Māni'

Der Zurückweisende: Der Verhinderer von Dingen, die Er nicht geschehen lassen will.

Dua des Tages:

رَبَّنَا اصْرِفْ عَنَّا عَذَابَ جَهَنَّمَ ۖ إِنَّ عَذَابَهَا كَانَ غَرَامًا إِنَّهَا سَاءَتْ مُسْتَقَرًّا وَمُقَامًا

Rabbanas-rif 'anna 'adhaba jahannama inna 'adhabaha kana gharama innaha sa'at musta-qarranw wa muqama

Unser Herr! Wende von uns die Strafe der Hölle von uns ab, denn sie ist fürwahr eine schmerzliche Pein. Und gewiss ist sie schlimm als Ruhestatt und als Aufenthalt.

[Sure Al-Furqan 25:65-66]

Der Prophet Mohammed ﷺ sagte:

"DERJENIGE, DER ANDERE ZUR RECHTLEITUNG AUFRUFT, SOLL DEN GLEICHEN LOHN ERHALTEN WIE DIE, DIE IHM FOLGEN, OHNE DASS SEINE BELOHNUNG DADURCH GESCHMÄLERT WIRD."

[Tirmidhi, Buch 1, Hadith 30]

Meine Gedanken / gute Taten / Ziele:

____

____

____

Ramadan Tag 23

Datum: .... ⏱ Sahur: .... ⏱ Iftar: ....

Gebets-Tracker	Sunnah Aktivitäten

Gebets-Tracker

Sunnah (2 Rakat) — Fard — Sunnah (2 Rakat)

FAJR
○ ○

DHUHR
○ ○ ○ ○

ASR

MAGHRIB
○ ○

ISHA'A
○ ○

Sunnah Aktivitäten

○ Adhkar Al-Sabah
○ Sadaqa (Spende; gute Tat)
○ Adkar Al-Masaa
○ Tarawih
○ Adhkar Al-Naum
○ ....

Tasbih ○ Ja   ○ nein

Koran Rezitation

Vers: ....

Sure: ....

Juz: ....

Ich bin dankbar für:

____

____

Reflexionen

Al-Quddus

Der Heilige; Der Einzigheilige,
der rein ist von jeder
Unvollkommenheit.

Dua des Tages:

سُبْحَانَ الْمَلِكِ الْقُدُّوسِ

Sobhana Al Malik Al- Qudduus.

Ehre sei dem Allmächtigen, dem Allerheiligsten.

[Sunan An-Nasa'i]

Der Prophet Mohammed ﷺ sagte:

"BEKENNE DICH ZU ALLAH IM WOHLSTAND,
UND ER WIRD DICH IM UNGLÜCK ERKENNEN."

[Amali Ibn Bishran 1365]

Meine Gedanken / gute Taten / Ziele:

____

____

____

Ramadan Tag 24

Datum: .... Sahur: .... Iftar: ....

Gebets-Tracker

Sunnah (2 Rakat) — Fard — Sunnah (2 Rakat)

FAJR
○ ○

DHUHR
○ ○

ASR
○ ○ ○ ○

MAGHRIB
○ ○

ISHA'A
○ ○

Sunnah Aktivitäten

○ Adhkar Al-Sabah
○ Sadaqa (Spende; gute Tat)
○ Adkar Al-Masaa
○ Tarawih
○ Adhkar Al-Naum
○ ....

Tasbih ○ Ja ○ nein

Koran Rezitation

Vers: ....

Sure: ....

Juz: ....

Ich bin dankbar für:

____

____

____

Reflexionen

Al-Fattāh

Der Eröffner: Er öffnet, was verschlossen ist, und macht klar, was unklar ist. Er hat das beste Urteilsvermögen.

Dua des Tages:

رَبَّنَا افْتَحْ بَيْنَنَا وَبَيْنَ قَوْمِنَا بِالْحَقِّ وَأَنتَ خَيْرُ الْفَاتِحِينَ

Rabbanaf-tah baynana wa bayna qawmina bil haqqi wa anta Khayrul Fatiheen

Unser Herr! Entscheide Du zwischen uns und unserem Volk in der Wahrheit, denn Du bist der Beste, um zu entscheiden.

[Sure Al-A'raf 7:89]

Der Prophet Mohammed ﷺ sagte:

"WUNDERBAR SIND DIE WEGE EINES GLÄUBIGEN, DENN IN ALL SEINEN ANGELEGENHEITEN STECKT ETWAS GUTES..."

[Muslim 2999]

Meine Gedanken / gute Taten / Ziele:

____

____

____

____

Ramadan Tag 25

Datum: .... ⏱ Sahur: .... ⏱ Iftar: ....

Gebets-Tracker	Sunnah Aktivitäten

Gebets-Tracker

Sunnah (2 Rakat) — Fard — Sunnah (2 Rakat)

FAJR
○ ○

DHUHR
○ ○ ○ ○

ASR

MAGHRIB
○ ○

ISHA'A
○ ○

Sunnah Aktivitäten

○ Adhkar Al-Sabah
○ Sadaqa (Spende; gute Tat)
○ Adkar Al-Masaa
○ Tarawih
○ Adhkar Al-Naum
○ ....

Tasbih ○ Ja ○ nein

Koran Rezitation

Vers: ....
Sure: ....
Juz: ....

Ich bin dankbar für:

____
____
____

Reflexionen

Al-Baatin

Der Verborgene: Der vor unserer Sinneswahrnehmung verborgen ist. Unsere Blicke können Ihn nicht erreichen. Er aber erreicht die Blicke.

Dua des Tages:

رَبَّنَا إِنَّكَ تَعْلَمُ مَا نُخْفِي وَمَا نُعْلِنُ ۗ وَمَا يَخْفَىٰ عَلَى اللَّهِ مِنْ شَيْءٍ فِي الْأَرْضِ وَلَا فِي السَّمَاءِ

Rabbana innaka taAlamu ma nukhfi wama nuAalinu wama yakhfa Aala Allahi min shayin fi alardi wala fi alssamai

Unser Herr, Du weißt, was wir verbergen und was wir kundtun. Und vor Allah ist nichts verborgen, ob auf Erden oder im Himmel. [Sure Abraham 14:38]

Der Prophet Mohammed ﷺ sagte:

"ALLAH, DER ALLMÄCHTIGE, SAGTE: 'DAS FASTEN IST FÜR MICH. ALSO WERDE ICH ES BELOHNEN. DER LOHN DER GUTEN TAT WIRD VERZEHNFACHT BIS VERSIEBENHUNDERTFACHT.' "

[Bukhari 1904]

Meine Gedanken / gute Taten / Ziele:

____

____

____

____

Ramadan Tag 26

Datum: .... ⏱ Sahur: .... ⏱ Iftar: ....

Gebets-Tracker	Sunnah Aktivitäten

Gebets-Tracker

Sunnah (2 Rakat) Fard Sunnah (2 Rakat)

FAJR
○ ○

DHUHR
○ ○

ASR
○ ○

MAGHRIB
○ ○

ISHA'A
○ ○

Sunnah Aktivitäten

○ Adhkar Al-Sabah

○ Sadaqa (Spende; gute Tat)

○ Adkar Al-Masaa

○ Tarawih

○ Adhkar Al-Naum

○ ....

Tasbih ○ Ja ○ nein

Koran Rezitation

Vers: ....

Sure: ....

Juz: ....

Ich bin dankbar für:

____

____

____

Reflexionen

Al-Haqq

Der Wahre: Die absolute Wahrheit. Seine Worte, Seine Gesetze und Sein Versprechen sind unzweifelhaft wahr.

Dua des Tages:

وَقُلْ جَاءَ ٱلْحَقُّ وَزَهَقَ ٱلْبَـٰطِلُ إِنَّ ٱلْبَـٰطِلَ كَانَ زَهُوقًا

Wa Qul Jaa Al-Haqq wa zahaka Al-Batil inna Al-Batila kana Zahukan.

Und sprich: "Gekommen ist die Wahrheit und dahingeschwunden ist die Falschheit; wahrlich, das Falsche verschwindet bestimmt."

[Sure Al-Isra' '17:81]

Der Prophet Mohammed ﷺ sagte:

"WER IM RAMADAN AUS AUFRICHTIGEM GLAUBEN UND IN DER HOFFNUNG AUF ALLAHS BELOHNUNG FASTET, DEM WERDEN ALLE SEINE VERGANGENEN SÜNDEN VERGEBEN."

[Bukhari 38. Buch 2. Hadith 31]

Meine Gedanken / gute Taten / Ziele:

____

____

____

____

Ramadan Tag 27

Datum: ....   Sahur: ....   Iftar: ....

Gebets-Tracker	Sunnah Aktivitäten

Gebets-Tracker

Sunnah (2 Rakat)   Fard   Sunnah (2 Rakat)

FAJR

DHUHR

ASR

MAGHRIB

ISHA'A

Sunnah Aktivitäten

- ○ Adhkar Al-Sabah
- ○ Sadaqa (Spende; gute Tat)
- ○ Adkar Al-Masaa
- ○ Tarawih
- ○ Adhkar Al-Naum
- ○ ....

Tasbih   ○ Ja   ○ nein

Koran Rezitation

Vers: ....

Sure: ....

Juz: ....

Ich bin dankbar für:

____

____

____

Reflexionen

Meine Stimmung war

Al-Ghaffar

Der stets Vergebende, der unendliches Erbarmen zeigt und die Sünden, ob klein oder groß, immer wieder vergibt.

Dua des Tages:

رَبَّنَا ظَلَمْنَا أَنفُسَنَا وَإِن لَّمْ تَغْفِرْ لَنَا وَتَرْحَمْنَا لَنَكُونَنَّ مِنَ الْخَاسِرِينَ

Rabbana zalamna anfusina wa il lam taghfir lana wa tarhamna lana kunan minal-khasireen

Unser Herr! Wir haben unseren eigenen Seelen Unrecht getan. Wenn Du uns nicht vergibst und Deine Barmherzigkeit schenkst, werden wir sicherlich verloren sein.

[Sure Al-A'raf 7:23]

Der Prophet Mohammed ﷺ sagte:

"WER EINEN TAG LANG UM ALLAHS WILLEN FASTET, DESSEN GESICHT WIRD ALLAH FÜR SIEBZIG JAHRE VOM HÖLLENFEUER FERNHALTEN."

[Bukhari 2840]

Meine Gedanken / gute Taten / Ziele:

____

____

____

Ramadan Tag 28

Datum: ....   Sahur: ....   Iftar: ....

Gebets-Tracker	Sunnah Aktivitäten

Gebets-Tracker

Sunnah (2 Rakat)   Fard   Sunnah (2 Rakat)

FAJR
○ ○

DHUHR
○ ○   ○ ○

ASR

MAGHRIB
○ ○

ISHA'A
○ ○

Sunnah Aktivitäten

○ Adhkar Al-Sabah
○ Sadaqa (Spende; gute Tat)
○ Adkar Al-Masaa
○ Tarawih
○ Adhkar Al-Naum
○ ....

Tasbih   ○ Ja   ○ nein

Koran Rezitation

Vers: ....

Sure: ....

Juz: ....

Ich bin dankbar für:

____

____

____

Reflexionen

As-Sabur

Der Geduldige; Derjenige, der die Sünder nicht gleich bestraft. Er überstürzt Seine Handlungen nicht.

Dua des Tages:

رَبَّنَا أَفْرِغْ عَلَيْنَا صَبْراً وَثَبِّتْ أَقْدَامَنَا وَانصُرْنَا عَلَى الْقَوْمِ الْكَافِرِينَ

Rabbana afrigh 'alayna sabran wa thabbit aqdamana wansurna 'alal-qawmil-kafirin

Unser Herr! Gewähre uns Ausdauer und gib uns sicheren Halt, und hilf uns gegen das ungläubige Volk.

[Sure Baqarah 2:250]

Der Prophet Mohammed ﷺ sagte:

"WER IM RAMADAN FASTET UND DANACH SECHS TAGE IM MONAT SCHAWWAL FASTET, FÜR DEN IST ES, ALS OB ER DAS GANZE JAHR FASTET."

[Muslim]

Meine Gedanken / gute Taten / Ziele:

____

____

____

____

Ramadan Tag 29

Datum: .... ⏱ Sahur: .... ⏱ Iftar: ....

| Gebets-Tracker | Sunnah Aktivitäten |

Gebets-Tracker

Sunnah (2 Rakat)   Fard   Sunnah (2 Rakat)

FAJR
◯ ◯

DHUHR
◯ ◯   ◯ ◯

ASR

MAGHRIB
◯ ◯

ISHA'A
◯ ◯

Sunnah Aktivitäten

◯ Adhkar Al-Sabah
◯ Sadaqa (Spende; gute Tat)
◯ Adkar Al-Masaa
◯ Tarawih
◯ Adhkar Al-Naum
◯ ....

Tasbih   ◯ Ja   ◯ nein

Koran Rezitation

Vers: ....

Sure: ....

Juz: ....

Ich bin dankbar für:

____

____

____

Reflexionen

Al-Waarith

Der einzige Erbe: Derjenige,
dessen Existenz bestehen bleibt.
Außer Ihm ist nichts beständig.

Dua des Tages:

رَبِّ لَا تَذَرْنِى فَرْدًا وَأَنتَ خَيْرُ ٱلْوَٰرِثِينَ

Rabbi la tatharni fardan wa anta khairu al-Waarithin.

Mein Herr, lass mich nicht einsam bleiben;
und Du bist der Beste der Erben.

[Sure Al-Anbiya 21:89]

Der Prophet Mohammed ﷺ sagte:

"WEM ALLAH GUTES WILL,
DEM GEWÄHRT ER VERSTÄNDNIS FÜR DIE RELIGION."

[Bukhari 71. Muslim 1037]

Meine Gedanken / gute Taten / Ziele:

____

____

____

____

Ramadan Tag 30

Datum: ....　⏱ Sahur: ....　⏱ Iftar: ....

Gebets-Tracker	Sunnah Aktivitäten

Gebets-Tracker

Sunnah (2 Rakat) — Fard — Sunnah (2 Rakat)

FAJR

○ ○

DHUHR

○ ○

ASR

○ ○ ○ ○

MAGHRIB

○ ○

ISHA'A

○ ○

Sunnah Aktivitäten

○ Adhkar Al-Sabah

○ Sadaqa (Spende; gute Tat)

○ Adkar Al-Masaa

○ Tarawih

○ Adhkar Al-Naum

○ ....

Tasbih　○ Ja　○ nein

Koran Rezitation

Vers: ....

Sure: ....

Juz: ....

Ich bin dankbar für:

____

____

____

Reflexionen

Al-Latif

Der Feinfühlige, der Gütige: derjenige, der gütig zu seinen Dienern ist und sie beschenkt.

Dua des Tages:

يا لطيف الطف بنا انك أنت اللطيف الخبير

Ya Latif Iltuf bina innak anta Al-Latiif Al-Khabir.

O Sanftmütiger, sei freundlich zu uns, denn du bist der sanfte Experte.

[Aljilali]

Der Prophet Mohammed ﷺ sagte:

"DER BESTE GEBET NACH DEM PFLICHTGEBET IST DAS GEBET MITTEN IN DER NACHT. DAS BESTE FASTEN NACH RAMADAN IST DAS FASTEN IN ALLAHS MONAT MUHARRAM."

[Muslim 1163]

Meine Gedanken / gute Taten / Ziele:

____

____

____

____

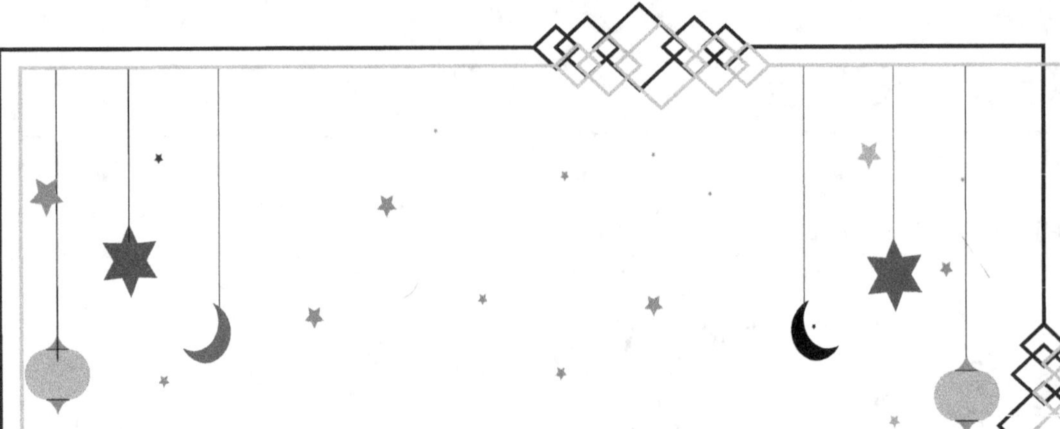

إِن تُبْدُواْ ٱلصَّدَقَٰتِ فَنِعِمَّا هِىَ ۖ وَإِن تُخْفُوهَا وَتُؤْتُوهَا ٱلْفُقَرَآءَ فَهُوَ خَيْرٌ لَّكُمْ ۚ وَيُكَفِّرُ عَنكُم مِّن سَيِّـَٔاتِكُمْ ۗ وَٱللَّهُ بِمَا تَعْمَلُونَ خَبِيرٌ

In Tubdu alsadaqat fa niemma hiya wa in tokhfuha wa tutuha
al-fukara fahwa khairun lakum wa yukaffiru ankum min
sayiatikum wa Allah bima taamluna khabir.

Wenn du deine Sadaqa (freiwillige Gabe) offenlegst,
ist es gut.
Aber wenn du sie verheimlichst und sie den Armen gibst,
ist das besser für dich.
(Allah) wird euch einige eurer Sünden vergeben.
Und Allah weiß sehr wohl, was ihr tut.

[Al-Baqara 2:271]

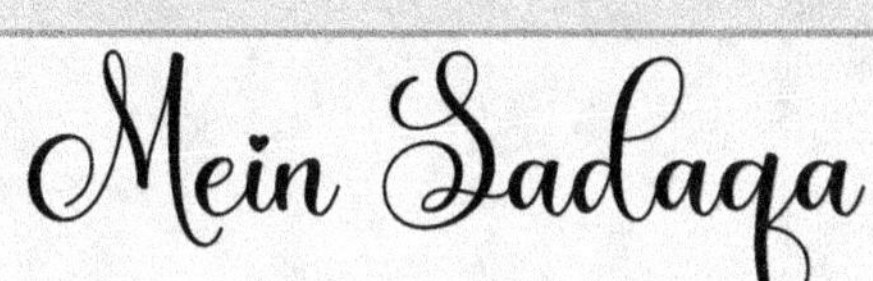

Mein Sadaqa

Meine erreichten Ziele

Eid Mubarak

Notizen

Autor & Illustrator: Salah Moujahed
Herausgeber: Muslim Notebooks
Bildnachweis: javarman3
Copyright © Muslim Notebooks
Kontakt: salah@muslimnotebooks.com